BEI GRIN MACHT SICH IHR
WISSEN BEZAHLT

- Wir veröffentlichen Ihre Hausarbeit,
  Bachelor- und Masterarbeit

- Ihr eigenes eBook und Buch -
  weltweit in allen wichtigen Shops

- Verdienen Sie an jedem Verkauf

Jetzt bei www.GRIN.com hochladen
und kostenlos publizieren

Philip Rehorst

Web 2.0 in Lehr- und Lernprozessen

Eine kurze Darstellung von Wiki, Web 2.0 und CMS

GRIN Verlag

Bibliografische Information der Deutschen Nationalbibliothek:

Die Deutsche Bibliothek verzeichnet diese Publikation in der Deutschen National-
bibliografie; detaillierte bibliografische Daten sind im Internet über http://dnb.d-
nb.de/ abrufbar.

Impressum:

Copyright © 2009 GRIN Verlag GmbH
Druck und Bindung: Books on Demand GmbH, Norderstedt Germany
ISBN: 978-3-640-69881-3

Dieses Buch bei GRIN:

http://www.grin.com/de/e-book/155864/web-2-0-in-lehr-und-lernprozessen

GRIN - Your knowledge has value

Der GRIN Verlag publiziert seit 1998 wissenschaftliche Arbeiten von Studenten, Hochschullehrern und anderen Akademikern als eBook und gedrucktes Buch. Die Verlagswebsite www.grin.com ist die ideale Plattform zur Veröffentlichung von Hausarbeiten, Abschlussarbeiten, wissenschaftlichen Aufsätzen, Dissertationen und Fachbüchern.

Besuchen Sie uns im Internet:

http://www.grin.com/

http://www.facebook.com/grincom

http://www.twitter.com/grin_com

Westfälische Wilhelms-Universität Münster
Seminar: Web 2.0 in Lehr- und Lernprozessen
SoSe 2009
Note: 1,7

Ausarbeitung zum Referat
‚Wiki – Web 2.0 und CMS'

Philip Rehorst
Studiengang: MEd - Informatik und Sozialwissenschaften

Inhaltsverzeichnis

1 Einleitung - Web 2.0

An den technologischen Entwicklungen der letzten 20 Jahre, von den Anfängen des Internets über die Verbreitung des *World-Wide-Webs* (WWW) bis zum *Web 2.0*, kommt vermutlich niemand dauerhaft vorbei. Auch für Lehr- und Lernsituationen sind einige der entstandenen Technologien sinnvoll nutzbar.

Das Internet selbst stellt zunächst nur eine Infrastruktur zur Datenübertragung bereit, die durch verschiedene Dienste genutzt wird. Die bekanntesten sind sicherlich E-Mail und das WWW, durch deren Verbreitung das Internet mehr und mehr zu einem Massenmedium wurde. Das WWW war von Anfang an auf Interaktivität ausgelegt. Tim Berners-Lee[1] hat in einem Interview gesagt: „Web 1.0 was all about connecting people. It was an interactive space [...]" Jedoch hat sich, gerade im Zuge der zunehmenden Verbreitung, die Relation von Autoren zu Rezipienten hin zu einem deutlichen Überhang von Lesern entwickelt.

Seit einigen Jahren zeigt sich eine veränderte Entwicklung. Immer häufiger werden Inhalte nicht zentral von wenigen Personen bereit gestellt, sondern durch viele Benutzer zusammengetragen. Ein beliebtes Beispiel ist die Wikipedia, die vom Umfang und teilweise auch im Bereich der Qualität[2] anderer Enzyklopä-

---

[1]Berners-Lee ist Entwickler des WWW
[2]Vgl. hierzu beispielsweise Stern 50/2007, „Wikipedia – Wissen für alle"

dien überlegen ist.

Ausschlaggebend für den Web 2.0-Charakter einer Web-Anwendung ist, dass Inhalte mit sehr geringen technischen Vorkenntnissen präsentiert werden können. Spezielle Software ist im Allgemeinen nicht erforderlich.

2 Was sind Wikis?

Der Begriff *Wiki* kommt aus dem hawaianischen und bedeutet schnell. Ein Wiki ist demnach eine Software mit der schnell und unkompliziert Webseiten verändert werden können.

Für eine Webpräsenz waren im „Web 1.0" eine ganze Reihe von Voraussetzungen zu erfüllen. Neben den technisch notwendigen Dingen, wie dem Vorhalten eines Servers im Netz mit der entsprechenden Software, musste auch derjenige, der die Inhalte bereitstellt, FTP[3]-Programmen bedienen können und die Beschreibungssprache HTML[4] beherrschen. Um Inhalte zu verändern war immer ein gewisser Aufwand nötig und je nach gewünschtem Komfort mussten spezielle Programme verwendet werden.

Bei der Benutzung von Wikis ist dies anders. Grundsätzlich gibt es natürlich immer noch einen Server, auf welchem die notwendige Software läuft (die sogenannte Wiki-Engine) und die Installation sowie die Wartung dieses Systems erfordert nach wie vor technisches Know-How. Allerdings ist das Einstellen von Inhalten davon losgelöst. (s. Abb. 1)

Hier benötigt der Autor nur noch einen Browser um seine Seiten zu verändern. Die Wiki-Idee geht sogar noch einen Schritt weiter und erlaubt jedem Leser auch Veränderungen vorzunehmen. Bei einem Wiki handelt es sich also um ein einfaches Content-Management-System.

Der folgende Vergleich beschreibt den Unterschied zwischen einer herkömmlichen statischen Webseite und einem Wiki:
Eine Webseite ist ein Schaukasten, in dem ein Plakat hängt. Für diesen Schaukasten gibt es eine begrenzte Anzahl von Schlüsseln, bei wenig relevanten In-

---

[3]File-Transfer-Protocol. Standard zur Übertragung von Dateien im Internet. Heute zugunsten von verschlüsselten Verfahren (SCP, SFTP) nicht mehr so stark verbreitet.
[4]Hyper-Text-Markup-Language. Beschreibungssprache um Webseiten zu erstellen. Entwickelt von Berners-Lee.

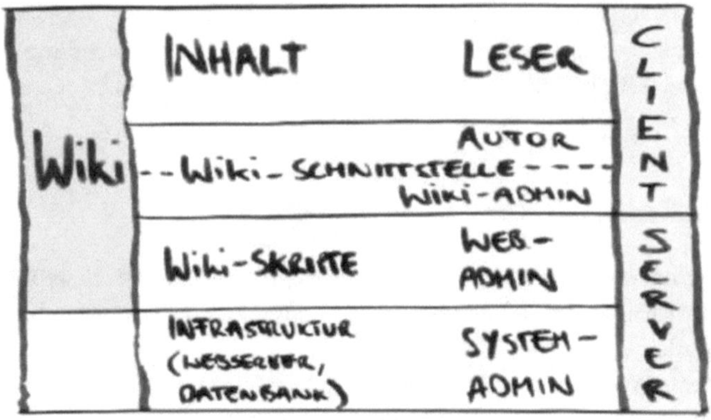

Abbildung 1: Struktur eines Wikis aus technischer Perspektive. (Quelle: Ebersbach et al. 2008: S. 22)

halten vermutlich nur einen. Derjenige, der den Schaukasten mit neuen Plakaten bestückt ist der Autor der Webseite. Irgendwann verliert der Autor die Lust oder Zeit die Plakate im Schaukasten regelmäßig zu aktualisieren und die Seite liegt brach. Ein Wiki hingegen ist eher als eine Wandtafel zu sehen. Vor der Tafel steht ein bisschen Kreide damit jeder, der vorbeikommt, die Seite verändern kann. Unsere Tafel hat noch einige praktische Zusatzfunktionen: Zum Beispiel kann man einzelne Wörter markieren, und wenn man diese berührt, erscheint eine andere Tafel (eine ähnliche Funktion hat der Schaukasten jedoch auch). Wesentlich wichtiger ist das eingebaute Gedächtnis. Die Tafel vergisst nichts von dem, was einmal auf ihr gestanden hat. Alle Änderungen können rückgängig gemacht werden.

Wie oben beschrieben, sind Wikis also darauf ausgelegt mit minimalem Aufwand Webseiten zu verändern. Wer bei dem Besuch eines Wikis eine Änderung vornehmen möchte, klickt auf einen Link, häufig in Form eines Knopfes, und es öffnet sich eine Bearbeitungsansicht, in der die Inhalte eingegeben werden können. Je nach Einsatzzweck ist es durchaus möglich die Rechte zu beschränken. Es muss nicht zwingend jedem die Möglichkeit gegeben werden Veränderungen vornehmen zu können. Je nach verwendeter Software kann eine Benutzerverwaltung vorgenommen werden. Die Möglichkeiten Formatierungen vorzunehmen sind begrenzt und werden mit sehr einfachen Befehlen erreicht. Links zwischen Wiki-Seiten werden entweder mittels *CamelCase*, also zwei Großbuchstaben in einem Wort, oder eckigen Klammern gekennzeichnet. Je nach verwendeter Wiki-Engine können auch Bilder oder andere Medien eingebunden werden. Das verwendete Gedächtnis wird Versionierung genannt und erlaubt jede ältere Version der Seite wiederherzustellen. Es existiert zu jeder Seite eine Liste aller Veränderungen (*History-of-Changes*). Dort lassen sich Unterschiede zwischen den einzelnen Versionen anzeigen oder die Änderungen rückgängig machen. Häufig ist auch der Autor und ein Kommentar zur Änderung zu sehen. Die einzelnen Seiten innerhalb eines Wikis sind nicht hierachisch geordnet, sondern nicht-linear unterneinander verlinkt.[5] Neue Seiten werden dadurch erstellt, dass ein Link erzeugt wird dessen Ziel noch nicht existiert. Beim Auswählen dieses Links wird die leere Seite zum Bearbeiten geöffnet.

Die Idee einer Zusammenarbeit in dieser oder ähnlicher Form existierte schon vor der Einführung des WWW. Das erste Wiki in der heutigen Form wurde 1995 vom Softwareentwickler Ward Cunningham erstellt. Um die Kommunikation zwischen Programmieren zu vereinfachen, programmierte er sein *WikiWikiWeb*. Heute gibt es viele verschiedene Wiki-Engines mit unterschiedlichen Zielgruppen. Je nach Bedarf kann eine einfach zu kofigurierende Software benutzt werden, die ohne Datenbank auskommt sondern die Daten im Dateisystem ablegt, oder es kann beispielsweise auf den performanten Giganten *MediaWiki* zurückgegriffen werden, welcher mit der Wikipedia zeigt, dass er mit riesigen Datenmengen und hohen Zugriffszahlen umgehen kann.

3 Bekannte Wikis

Die Anzahl der existierenden Wikis ist riesig. Viele davon haben vermutlich einen sehr begrenzten Nutzerkreis oder sind überhaupt nicht öffentlich und werden zum Beispiel für eine interne Firmenkommunikation benutzt. In diesem Kapitel werden einige Wikis kurz vorgestellt und mit der Wikipedia wird

---

[5]Vgl. Pentzold 2007: S. 13-15

ein Projekt etwas genauer betrachtet, welches unter anderem mit Hilfe der Wiki-Idee zu einer enormen Bekanntheit gekommen ist.

- **Wikipedia**

  „Wikipedia [...] ist eine im Januar 2001 gegründete freie Online-Enzyklopädie in zahlreichen Sprachen. Der Name Wikipedia ist ein Kofferwort, das sich aus ‚Wiki', der mit dem hawaiischen Wort für ‚schnell' bezeichneten Technologie zur kollektiven Erstellung von Internetseiten, und ‚Encyclopedia', einer der englischen Schreibweisen des Wortes Enzyklopädie, zusammensetzt." (Wikipedia 2009c)

- **Wiktionary**

  Wiktionary ist ein weiteres Projekt der Wikimedia Foundation, welcher auch die Adresse *wikipedia.org* gehört. Wiktionary ist ein freies Wörterbuch mit mitlerweile über 90.000 Einträgen in der deutschsprachigen Version. (Vgl. Wikipedia 2009d)

- **Wikiquote**

  Bei Wikiquote handelt es sich um eine freie Zitatesammlung. Auch Wikiquote ist ein Projekt der Wikimedia-Foundation.

- **ZIVWiki**

  Das ZIVWiki ist ein Angebot des Zentrums für Informationsverarbeitung (ZIV) der Westfälischen Wilhelms-Universität Münster. Hier werden vor allem Anleitungen für die Benutzung der Einrichtungen des ZIV (W-Lan, zentrale Drucker, u. v. m.) von Mitarbeitern und Studierenden bereitgestellt.

- **ZUM-Wiki**

  Im ZUM-Wiki werden Inhalte zum Thema Lehren und Lernen bereitgestellt. Dieses Wiki gehört zum Angebot des *Zentrale für Unterrichtsmedien im Internet e. V.*.

Diese Liste ließe sich beliebig erweitern.

Das vermutlich bekannteste Wiki ist die Wikipedia. Am 17. Mai 2009 enthält die deutschsprachige Wikipedia, nach eigenen Angaben, 931.046 Artikel. Im Vergleich zum 4. Mai ist dies ein Zuwachs von etwa 30.000 Seiten in nur

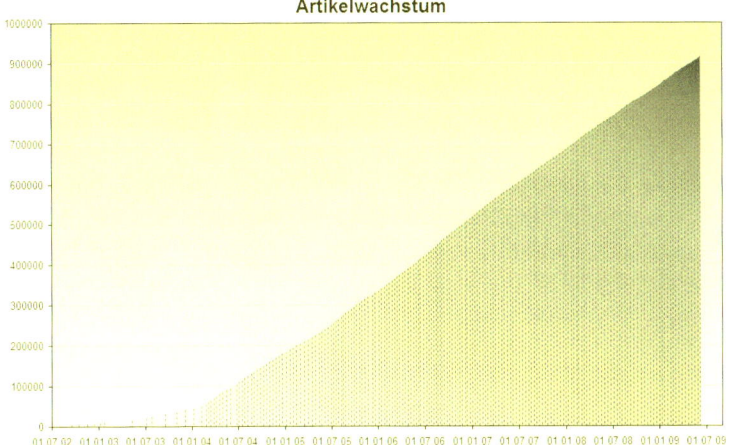

Artikelwachstum

Abbildung 2: Wachstum der Artikelanzahl in der deutschsprachigen Wikipedia seit 2002. Quelle: http://upload.wikimedia.org/
wikipedia/commons/4/44/Meilensteine.png

wenigen Wochen (s. Abb. 2). Im Augenblick beteiligen sich 23.547, von 791.503
registrierten Benutzern, aktiv an der Wikipedia.[6]

Die Wikipedia ist aus dem Projekt *Nupedia* hervorgegangen, welches ein auf
dem *Peer-Review-Verfahren* beruhendes Lexikon werden sollte. Aufgrund des
hohen bürokratischen Aufwands scheiterte diese Projekt jedoch. Zeitgleich ent-
wickelte sich die Wikipedia, welche anfangs auch als Vorstufe für Nupedia-
Artikel fungierte.[7]

Aufgrund der einfachen Editierbarkeit der Artikel könnte eine sehr gerin-
ge Qualität der Wikipedia-Artikel angenommen werden. Grundsätzlich ist es
richtig, dass es keine Garantie für die Korrektheit eines Artikels gibt, jedoch hat
sich innerhalb der Wikipedia eine Gemeinschaft entwickelt, welche sehr enga-
giert versucht einen hohen Qualitätsstandard zu gewährleisten. Änderungen,

---

[6]Vgl. Wikipedia 2009b
[7]Vgl. Pentzold 2007; Wikipedia 2009a

aber auch neue Artikel, werden kritisch beobachtet. Zu schlechte und nicht relevante Artikel können gelöscht werden. Eine solche Löschung erfolgt erst nach vorheriger Diskussion und anschließender Abstimmung, wobei jeder Nutzer stimmberechtigt ist. Es gibt eine Reihe anderer Abstimmungen innerhalb der Gemeinschaft der Wikipedianer, deren Behandlung hier zu weit führen würde. Ein weiteres Problem für die Wikipedia sind sogenannte Vandalen. Diese ändern Artikel nicht um diese zu korrigieren oder zu erweitern, sondern sie zerstören Artikel mutwillig. Um dieser Gefahr zu begegnen wird seit Mai 2008 nicht mehr die aktuellste Version eines Artikels angezeigt, sondern die letzte gesichtete Version. Gesichtete Artikel wurden von regelmäßigen Autoren auf offensichtlichen Vandalismus geprüft.

Weiterhin besteht die Gefahr nicht das Wissen der Experten sondern das Halbwissen der Mehrheit zu sammeln.

> Neben dem Problem bewusster Fehleintragungen besteht das weit komplexere Problem, dass sich statt Wissen Halbwissen in der Wikipedia durchsetzen könnte. In einer durch Arbeitsteilung ausgezeichneten Gesellschaft verfügt immer nur eine Minderheit über Fachwissen. Diese Minderheit läuft jedoch stets Gefahr, von der Mehrheit ‚korrigiert' zu werden. (Wikipedia 2009c)

Problematisch ist ebenso, die mögliche Wechselwirkung zwischen Presse und Wikipedia. Zwar gilt in der Wikipedia der Grundsatz, dass keine Angaben ohne Quelle gemacht werden sollen, dieser wird auch im Allgemeinen sehr streng kontrolliert, jedoch kann es durchaus vorkommen, dass Autoren für ihre Artikel die Angaben in der Wikipedia nicht überprüfen. Wenn diese dann nicht belegt waren, wird auf diesem Weg ein zitierfähiger Beleg erzeugt und es wurde Wahrheit aus dem Nichts erzeugt. (s. Abb. 3)

4 Wikis in Lehr- und Lernprozessen

Wikis in Lehr- und Lernsituationen einzusetzten bedeute mehr, als die Wikipedia als Nachschlagewerk zu benutzen. Die Zitierfähigkeit der Wikipedia ist immer wieder Inhalt von kontrovers geführten Debatten. Meines Erachtens unterscheidet sich dieses Problem aber kaum von der Frage, wie mit Online-Quellen,

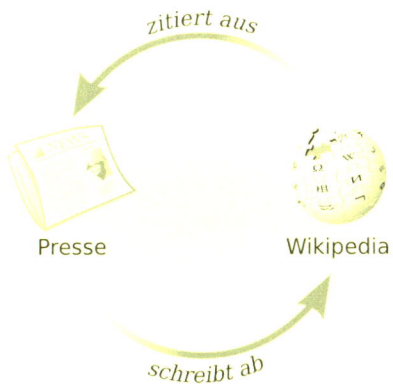

Abbildung 3: Wechselwirkungen zwischen Presse und Wikipedia. Quelle:
`http://upload.wikimedia.org/wikipedia/commons/`
`1/10/Beziehung_zwischen_Wikipedia_und_der_`
`Presse.svg`

deren Ursprung und Qualität nicht eindeutig nachzuweisen ist, in der Lehre umgegangen werden soll. Diese Debatte soll hier nicht weiter geführt werden.

Wie oben beschrieben, handelt es sich bei Wikis um Werkzeuge zur Online-Zusammenarbeit. Eine Möglichkeit diese Technologie im Unterricht z. B. an Schulen einzusetzen ist es, sie an Stelle, oder ergänzend zu klassischen Gruppenarbeiten zu verwenden.

Im folgenden sollen einige Vorteile eines solchen Szenarios dargestellt werden. Gegenüber anderen technischen Hilfsmitteln zeichnen sich Wiki durch ihre einfache Bedienung aus. Idealerweise benötigt man kaum Einarbeitungszeit um Inhalte in einem Wiki darzustellen.

Sobald eine Gruppenarbeit über eine Dauer von einem Tag hinaus geht, stellt sich das Problem der Koordinierung der Beteiligten. Hier kann der Einsatz eines Wikis die Kooperation deutlich erleichtern, vorausgesetzt die Lernenden haben über das Internet Zugriff auf ihr Wiki. Besonders für größere Gruppen ergibt sich der Vorteil, dass leichter gleichzeitig gearbeitet werden kann, und jeder Einsicht in die Tätigkeit der Anderen nehmen kann. (Vgl. Moskaliuk und

Kimmerle 2009: S. 9)

Häufig kommt es in Arbeitgruppen zu einer Arbeitsteilung, in der Einige inhaltliche Aufgaben übernehmen und Andere die Präsentation oder Darstellung der Inhalte gestalten. Diese Aufteilung kann sich für den Einzelnen negativ auf den Lernerfolg auswirken. (Vgl. Fischer und Waibel 2002: S. 40) Dieser Nachteil kann durch die Benutzung eines Wikis, das alle gleichermaßen gestalten können, ausgeglichen werden. Mit Hilfe der History kann genau nachvollzogen werden, wer welche Beiträge geleistet hat. Eine Bewertung einzelner Leistungen ist so vermutlich einfacher möglich, als zum Beispiel bei der Erstellung eines gemeinsamen Plakats für eine Präsentation im Anschluss an die Gruppenarbeit.

Unter der Annahme, dass die beschriebenen Faktoren dazu geführt haben, dass eine sinnvolle Gruppenarbeit zustande gekommen ist, kann es im weiteren Verlauf zu einem *Flow-Erleben* kommen, in dem „die Arbeit selbst [...] als befriedigend erlebt [wird]."(Moskaliuk und Kimmerle 2009: S. 13)

Die Arbeit mit einem Wiki als Hilfsmittel in einer Lernsituation kann allerdings auch weniger erfolgreich verlaufen. Grundsätzlich gilt, dass die Benutzung eines Wikis keine Garantie für das Gelingen einer Gruppenarbeit ist. Besonders in den stark begrenzten Wikis, welche nur für einzelne Themen erstellt werden, fehlt unter Umständen die benötigte Anzahl an (motivierten) Teilnehmern um eine kritische Masse zu erreichen. Die in Lehr- und Lernsituationen benötigten Einschränkungen des Wiki-Prinzips, also zum Beispiel ein restriktiv gestalteter Zugang oder eine bereits vorgegebene Struktur können hinderlich sein.

Eine weitere interessante Möglichkeit nicht nur Wikis sondern auch die Wikipedia in einem Unterricht zu verwenden, stellen Panke und Thillosen (Vgl. Panke und Thillosen 2008: S. 15-19) vor. In einer Lehrveranstaltung an der Ruhr-Universität Bochum wurde innerhalb eines Semesters ein Wikipedia-Artikel komplett überarbeitet. Die Bearbeitung fand zuerst in einem internen Wiki statt.

5 Fazit

Wikis sind sicherlich eine interessante Möglichkeit Techniken des Web 2.0 in Lehr- und Lernprozesse zu benutzen. Allerdings sind sie kein Wundermittel und können einen eventuell uninteressanten Inhalt nicht ohne weiteres in ein spannendes Thema verwandeln.

Wie bei dem Einsatz neuer Medien häufig zu beobachten, sind auch beim Thema ‚Wikis' die Erwartungen an die Erfolge eines Einsatzes im Unterricht deutlich höher als der tatsächlich eintretende Gewinn. Wenn Wikis aber überlegt verwendet werden, können sie meines Erachtens viele Vorteile gegenüber anderen, analogen oder auch digitalen, Techniken bieten.

Literatur

Ebersbach, Anja et al.: WIKI – Kooperation im Web. Berlin, Heidelberg: Springer, 2008, ISBN 978–3–540–35110–8

Fischer, Frank und Waibel, Mira Chr.: Wenn virtuelle Lerngruppen nicht so funktionieren wie sie eigentlich sollten. In **Rinn, Ulrike und Wedekind, Joachim (Hrsg.):** Referenzmodelle netzbasierten Lehrens und Lernens. Waxmann Verlag, 2002, ISBN 3–8309–1214–5

Koenig, Christoph, Müller, Antje und Neumann, Julia: Wie können Wikis im E-Learning ihr Potential entfalten? Ein Feldversuch, Eigenschaften aus der ‚freien Wildbahn' auf die Universität zu übertragen. In **Stegbauer, Christian, Schmidt, Jan und Schönberger, Klaus (Hrsg.):** Diskurse, Theorien und Anwendungen. Sonderausgabe von kommunikation@gesellschaft. 2007 ⟨URL: http://www.soz.uni-frankfurt.de/K.G/F5_2007_Koenig_ Mueller_Neumann.pdf⟩

Moskaliuk, Johannes und Kimmerle, Joachim: Wikis in der Hochschule – Faktoren für den erfolgreichen Einsatz. 2009 ⟨URL: http://www.e-teaching.org/didaktik/kommunikation/ wikis/08-11-19_Moskaliuk-Kimmmerle_Wikis.pdf⟩ – Zugriff am 1. Mai 2009

Panke, Stefanie und Thillosen, Anne: Unterwegs auf dem Wiki-Way. Wikis in Lehr- und Lernsettings. 2008 ⟨URL:

`http://www.e-teaching.org/didaktik/kommunikation/`
`wikis/08-09-12_Wiki_Panke-Thillosen.pdf⟩` – Zugriff am
20. Juli 2009

Pentzold, Christian: Wikipedia – Diskussionrausm und Informationsspeicher
im neuen Netz. München: Verlag Reinhard Fischer, 2007, INTERNET
Research, ISBN 978–3–88927–434–2

Wikipedia-Autoren: Nupedia. 2009 ⟨URL: `http://de.wikipedia.org/w/`
`index.php?title=Nupedia&oldid=62070462⟩` – Zugriff am
17. Juli 2009

Wikipedia-Autoren: Spezial:Statistik. 2009 ⟨URL:
`http://de.wikipedia.org/wiki/Spezial:Statistik⟩` – Zugriff
am 17. Juli 2009

Wikipedia-Autoren: Wikipedia. 2009 ⟨URL: `http://de.wikipedia.org/`
`w/index.php?title=Wikipedia&oldid=62204106⟩` – Zugriff am
17. Juli 2009

Wikipedia-Autoren: Wiktionary. 2009 ⟨URL: `http://de.wikipedia.org/`
`w/index.php?title=Wiktionary&oldid=61570079⟩` – Zugriff am
17. Juli 2009